CARTILHA

+ 3 ANOS

LETRA CURSIVA

Caminhos da ALFABETIZAÇÃO

ALFABETO E PRIMEIRAS PALAVRAS

Aa Bb Cc Dd

ESTE LIVRO PERTENCE A:

____

____

QUE TAL DESENVOLVER A COORDENAÇÃO MOTORA DE UMA MANEIRA MUITO DIVERTIDA? CADA FOGUETE VAI SEGUIR UM CAMINHO DIFERENTE EM UMA VIAGEM INTERPLANETÁRIA. SIGA CADA MOVIMENTO COM BASTANTE CAPRICHO.

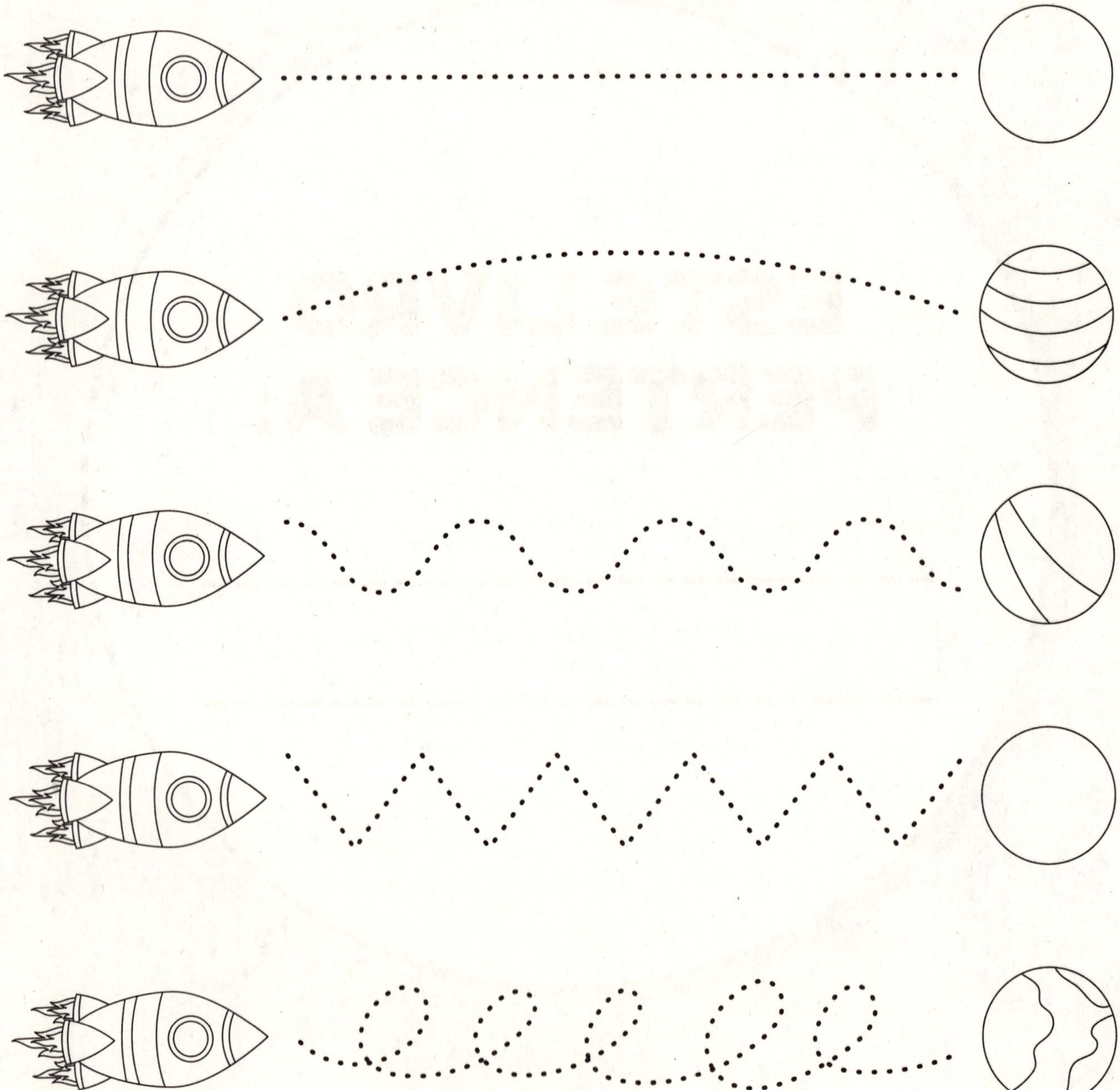

VAMOS ACOMPANHAR CADA MONSTRINHO ATÉ A RESPECTIVA NAVE ESPACIAL, SEGUINDO OS TRAÇADOS?

VEJA SÓ COMO SÃO DIVERTIDOS OS VOOS DESTAS BORBOLETINHAS! VOCÊ PODE ACOMPANHÁ-LAS! BASTA SEGUIR CADA MOVIMENTO.

CADA UM DESTES PIRATAS PRECISA CHEGAR A UM NAVIO DIFERENTE. PARA AJUDÁ-LOS, CONCENTRE-SE PARA SEGUIR OS TRACEJADOS SEM ERRAR!

ESTE BARQUINHO ESTÁ PRONTO PARA SEGUIR VIAGEM EM ALTO-MAR! VAMOS TRAÇAR OS MOVIMENTOS DAS ONDINHAS?

PARA QUE OS RAIOS DE SOL CHEGUEM ATÉ A NATUREZA, BASTA VOCÊ SEGUIR CADA MOVIMENTO DIREITINHO!

ESTE SAPINHO ESTÁ ANSIOSO PARA QUE VOCÊ COMPLETE O DESENHO E PINTE-O. VAMOS LÁ?

CHEGOU A HORA DE CONHECER O ALFABETO
NA LETRA CURSIVA MAIÚSCULA E MINÚSCULA.

Aa	Bb	Cc	Dd
Ee	Ff	Gg	Hh
Ii	Jj	Kk	Ll
Mm	Nn	Oo	Pp
Qq	Rr	Ss	Tt
Uu	Vv	Ww	Xx
Yy	Zz		

NAS PRÓXIMAS PÁGINAS, VOCÊ VAI PRATICAR A CALIGRAFIA DAS LETRAS MAIÚSCULAS E MINÚSCULAS DO ALFABETO EM LETRA CURSIVA. DEIXE A MÃO BEM MOLINHA.

Abacaxi

Bolo

Casa

Dado

Ema

Fada

Galo

Hiena

Ioiô

janela

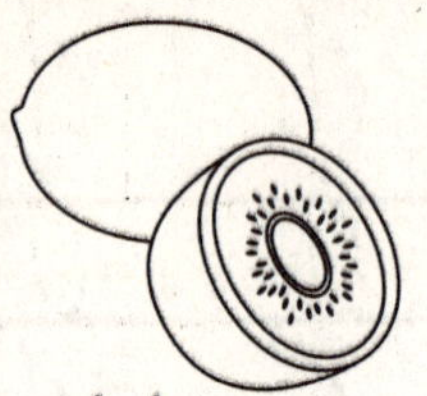

Kiwi

Lápis

Maçã

Navio

Ovo

Pato

Quati

Rato

Sapo

Tucano

Urubu

Vaca

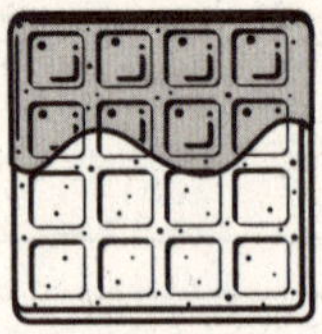

Waffle

Xícara

Yakisoba

Zebra

CHEGOU O MOMENTO DE PRATICAR ALGUMAS PALAVRINHAS COM AS LETRAS DO ALFABETO QUE VOCÊ APRENDEU. CAPRICHE NOS TRACEJADOS!

A LETRA a TAMBÉM É DE:

amora

amora

apito

apito

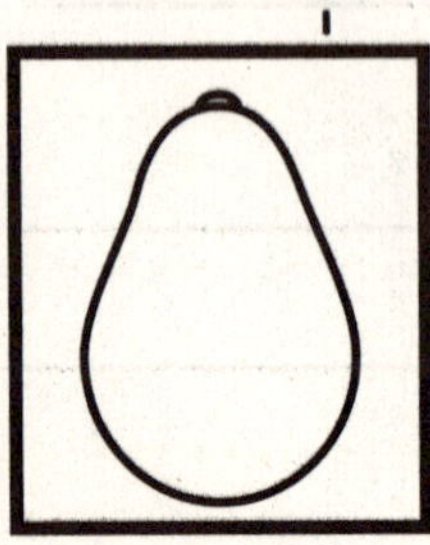

abacate

A LETRA B TAMBÉM É DE:

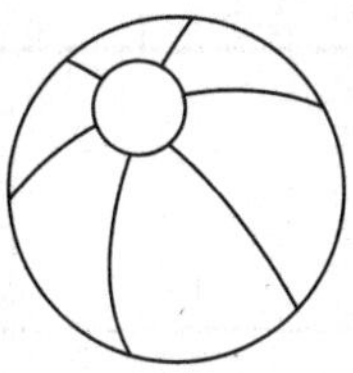

Bola

Bola

Buzina

Bebê

Bebê

A LETRA C TAMBÉM É DE:

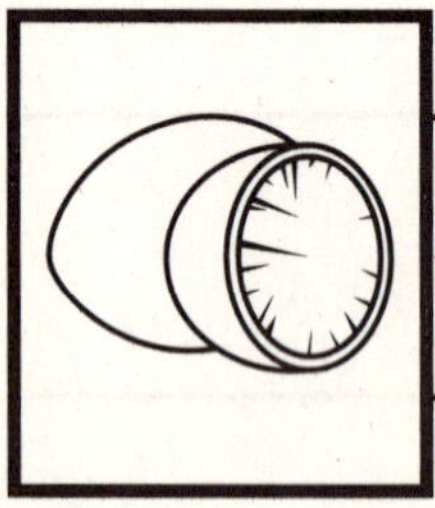

Coco

Coco

Cavalo

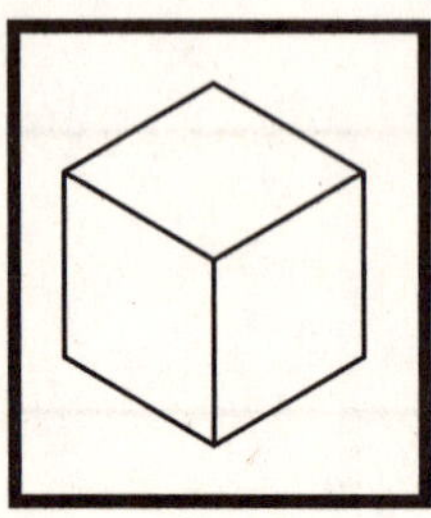

Cubo

Cubo

A LETRA D TAMBÉM É DE:

Dodô

Dodô

Doce

Doce

Dominó

A LETRA E TAMBÉM É DE:

Escola

Escola

Escada

Escada

Escova

Escova

A LETRA F TAMBÉM É DE:

Faca

Faca

Figo

Figo

Foca

Foca

A LETRA g TAMBÉM É DE:

Gato

Gato

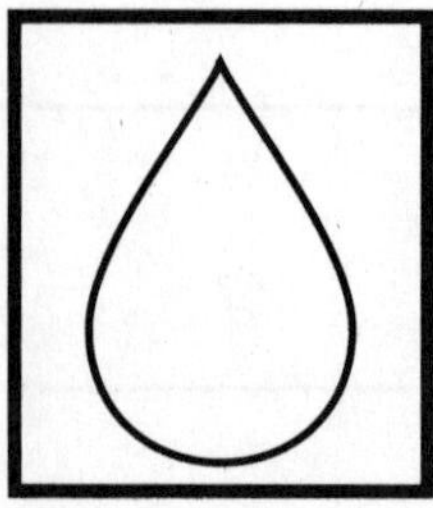

Gota

Gota

Gorila

Gorila

A LETRA H TAMBÉM É DE:

Hipopótamo

Homem

Herói

Herói

A LETRA I TAMBÉM É DE:

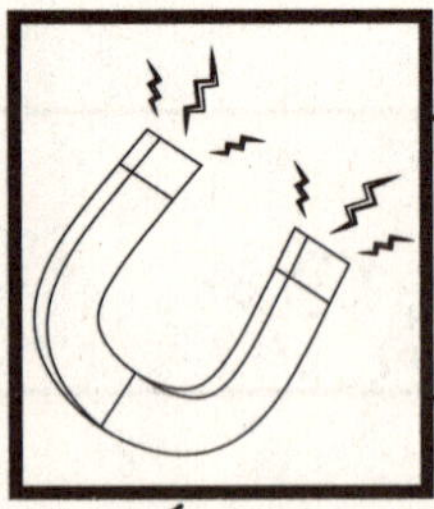

Ímã

Ímã

Índio

Índio

Ipê

Ipê

A LETRA *J* TAMBÉM É DE:

jipe

jipe

jacaré

jacaré

javali

javali

A LETRA K TAMBÉM É DE:

Kart

Kart

Kombi

Kombi

Kátia

Kátia

A LETRA L TAMBÉM É DE:

Luva

Luva

Lata

Lata

Leão

Leão

A LETRA M TAMBÉM É DE:

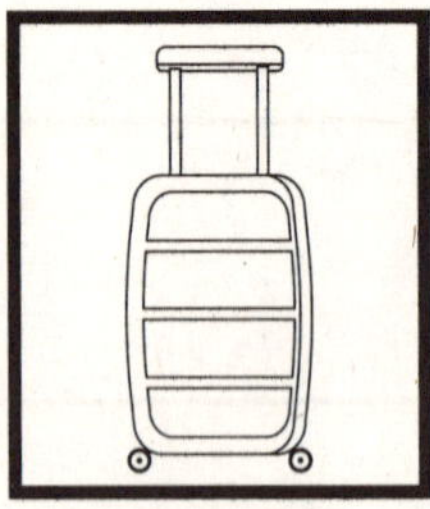

Mala

Mala

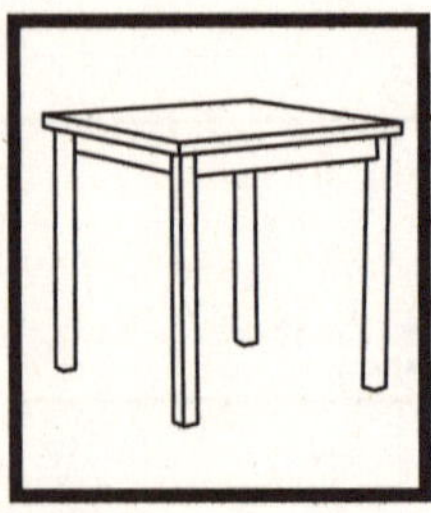

Mesa

Mesa

Macaco

A LETRA N TAMBÉM É DE:

Novelo

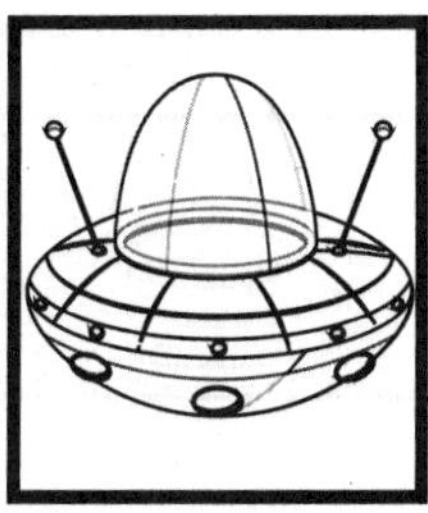

Nave

Nave

Nuvem

A LETRA O TAMBÉM É DE:

Oca

Oca

Óculos

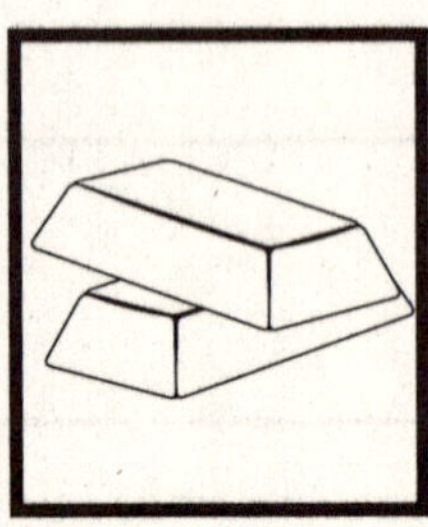

Ouro

Ouro

A LETRA P TAMBÉM É DE:

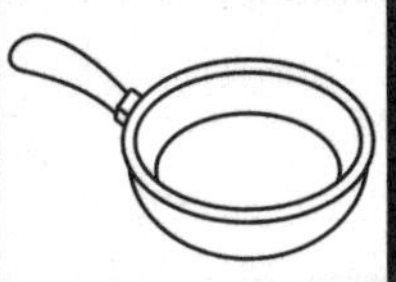

Panela

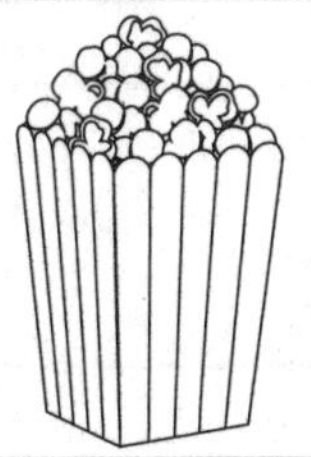

Pipoca

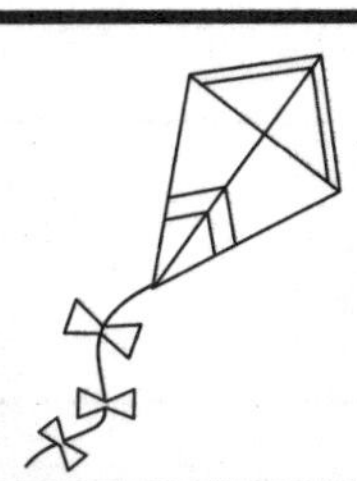

Pipa

Pipa

A LETRA Q TAMBÉM É DE:

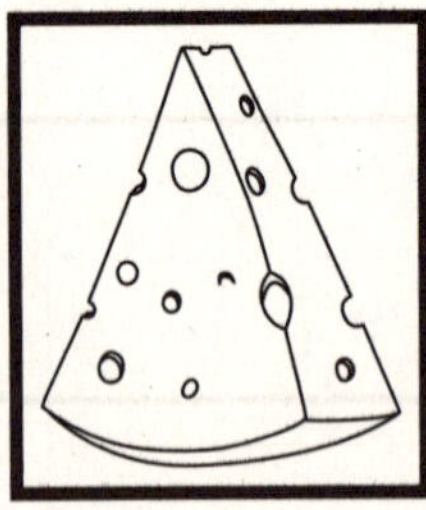

Queijo

Quero-Quero

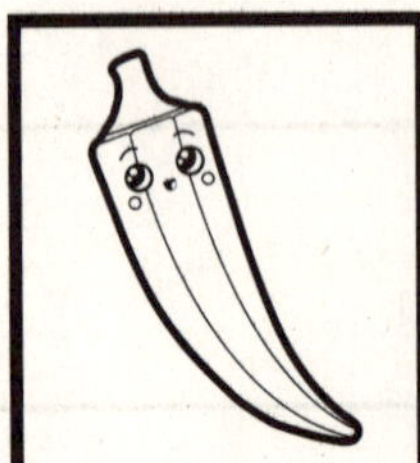

Quiabo

A LETRA R TAMBÉM É DE:

Robô

Robô

Raposa

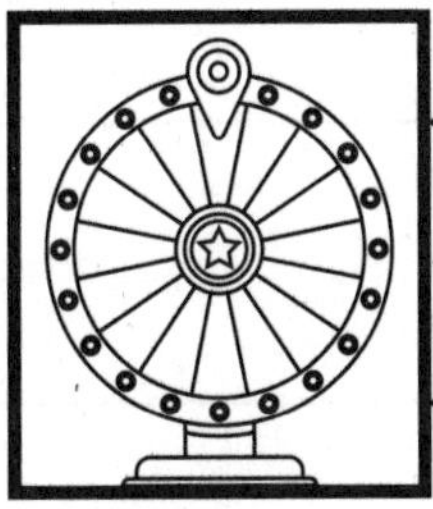

Roleta

A LETRA S TAMBÉM É DE:

Sopa

Sopa

Sino

Sino

Sofá

Sofá

A LETRA J TAMBÉM É DE:

Jatu

Jatu

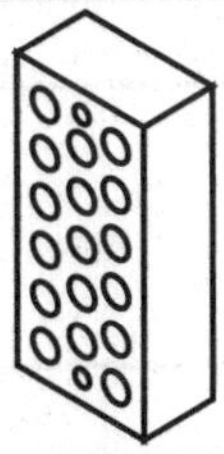

Jijolo

Jomate

A LETRA U TAMBÉM É DE:

Uva

Uva

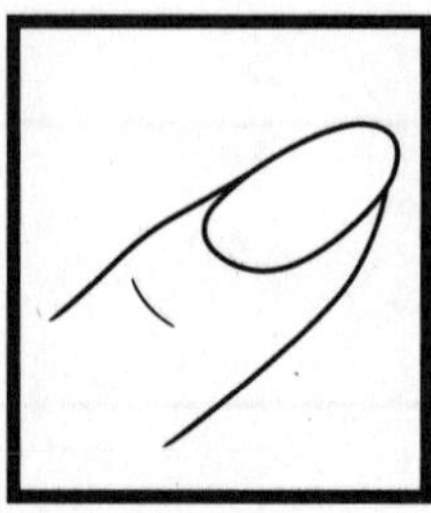

Unha

Unha

Unicórnio

A LETRA V TAMBÉM É DE:

Vovó

Vovó

Vela

Vela

Vaso

Vaso

A LETRA W TAMBÉM É DE:

Wi-fi

Wi-fi

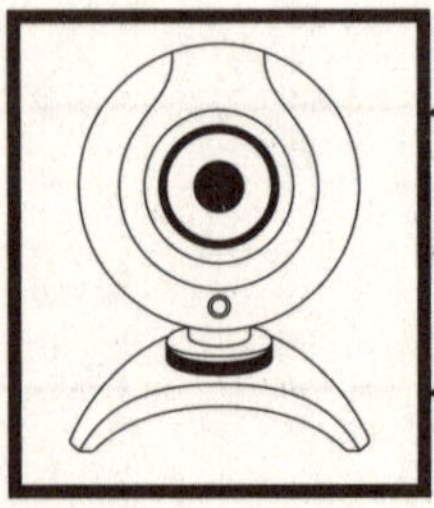

Webcam

William

A LETRA X TAMBÉM É DE:

Xarope

Xerife

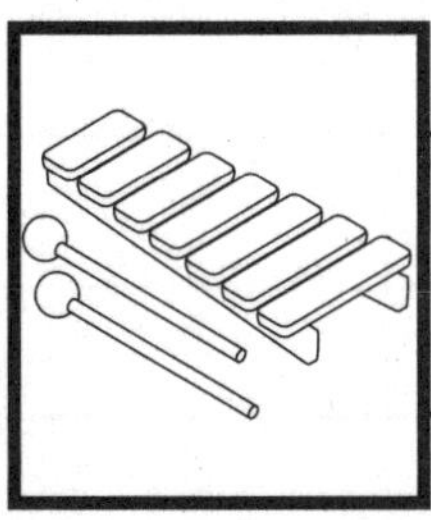

Xilofone

A LETRA Y TAMBÉM É DE:

Yoga

Yoga

Yuri

Yuri

Yara

Yara

A LETRA z TAMBÉM É DE:

0

zero

zero

zangão

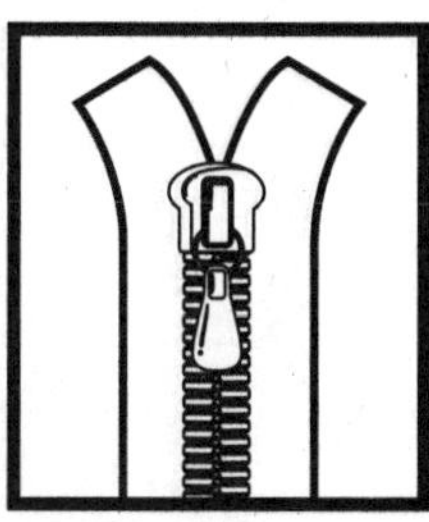

zíper

zíper

DIPLOMA

MUITO BEM! VOCÊ CONCLUIU ESTA CARTILHA E JÁ CONHECE AS LETRAS DO ALFABETO CURSIVAS E AS PRIMEIRAS PALAVRAS. PARABÉNS!

SEU NOME

____

_____ / _____ / _____

DATA

____

ASSINATURA